Impressum
Verlag: BABADADA GmbH, Nedderfeld 112 , 22529 Hamburg
Geschäftsführer / Verlagsleitung: Harald Hof
Druck: Books on Demand GmbH, In de Tarpen 42, 22848 Norderstedt

Imprint
Publisher: BABADADA GmbH, Nedderfeld 112 , 22529 Hamburg, Germany
Managing Director / Publishing direction: Harald Hof
Print: Books on Demand GmbH, In de Tarpen 42, 22848 Norderstedt

學校

المدرسة

教室
القسم
除
يقسم
186/2
黑板
اللوح
老師
المعلّم
紙
ورقة
書寫
يكتب
筆
القلم
辦公桌
طاولة المكتب
直尺
المسطرة
書
الكتاب
學生
التلميذ

書包

الحقيبة المدرسية

鉛筆盒

المقلمة

鉛筆

قلم الرصاص

削鉛筆機

البرّاية

橡皮擦

المِمحاة

畫板

دفتر الرسم

圖畫

الرسمة

畫筆

الفرشاة

顏料盒

علبة التلوين

剪刀

المقص

膠水

المادة اللاصقة

練習冊

دفتر التمارين

家庭作業

الواجب المدرسي

數字

الرقم

加

يجمع

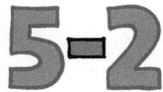

減

يطرح

乘

يضرب

計算

يحسب

A

字母

الحرف

ABCDEFG
HIJKLMN
OPQRSTU
VWXYZ

字母表

الأبجدية

hello

字

كلمة

課文

النص

讀

يقرأ

粉筆

الطبشور

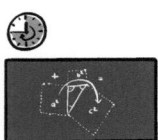

上課

الحصة

登記

دفتر الدوام المدرسي

考試

الامتحان

證書

شهادة

校服

اللباس المدرسي

教育

التعليم

百科全書

الموسوعة

大學

الجامعة

顯微鏡

المِجهر

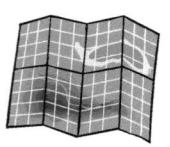

地圖

الخريطة

廢紙簍

قماما

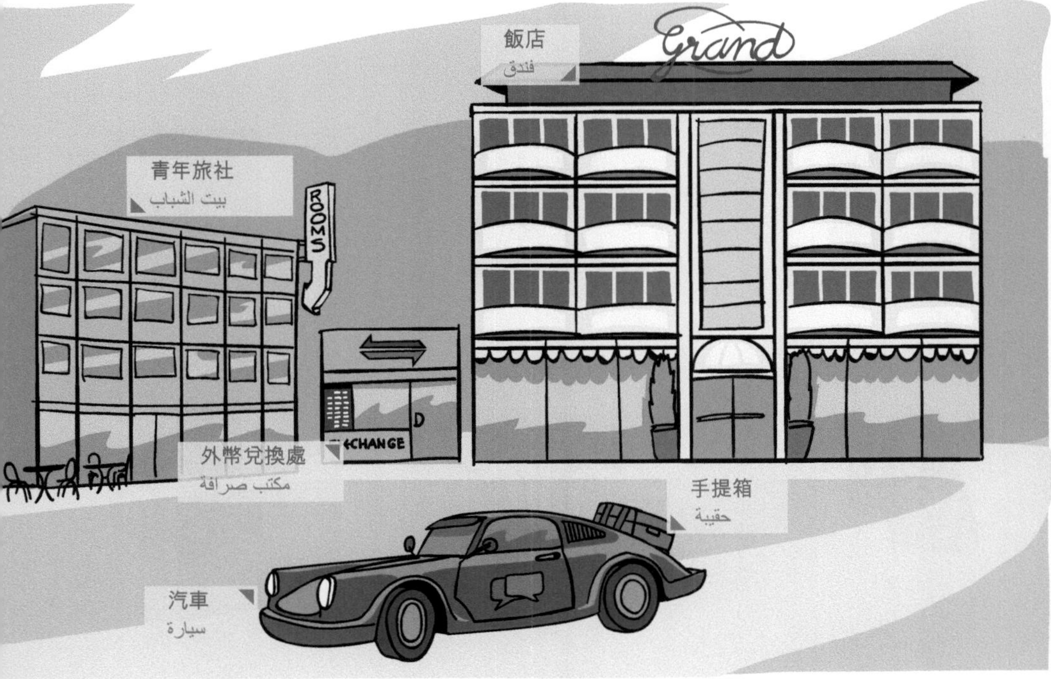

飯店
فندق
Grand
青年旅社
بيت الشباب
ROOMS
外幣兌換處
مكتب صرافة
手提箱
حقيبة
汽車
سيارة

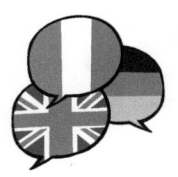

語言

اللغة

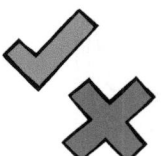

是/否

نعم / لا

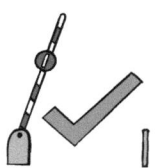

好的

حسناً

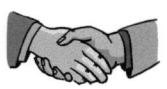

您好

مرحباً

翻譯人員

مترجم

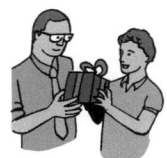

謝謝

شكراً

......多少錢？

كم ثمن ... ؟

我不明白

لا أفهم

問題

مشكلة

晚上好！

مساء الخير

早上好！

صباح الخير!

晚安！

ليلة سعيدة

再見

إلى اللقاء

方向

اتجاه

行李

أمتعة السفر

包

حقيبة

背包

حقيبة ظهر

客人

ضيف

房間

غرفة

睡袋

كيس للنوم

帳篷

خيمة

旅行資訊

استعلامات سياحية

海灘

شاطئ

信用卡

بطاقة ائتمان

早餐

إفطار

午餐

طعام الغداء

晚餐

العشاء

票

بطاقة سفر

電梯

مصعد

郵票

طابع بريدي

邊界

حدود

海關

الجمارك

大使館

سفارة

簽證

تأشيرة

護照

جواز سفر

交通運送

نقل

飛機
طائرة
船
سفينة
消防車
سيارة إطفاء
公車
حافلة
卡車
سيارة شاحنة
汽艇
زورق آلي
腳踏車
درّاجة
汽車
سيارة

渡輪

عبارة

小船

قارب

機車

دراجة نارية

警車

سيارة شرطة

賽車

سيارة سباق

租車

سيارة مستأجرة

拼車

أسلوب تشاركي في استئجار السيارا

拖車

سيارة للجر

垃圾車

سيارة نقل القمامة

馬達

محرك

汽油

وقود

加油站

محطة وقود

交通標識

إشارة مرور

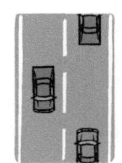

交通

حركة السير

交通堵塞

ازدحام سير

停車場

موقف سيارات

火車站

محطة قطار

軌道

سكك حديدية

火車

قطار

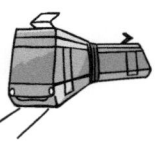

路面電車

ترام

客車廂

عربة قطار

直升機

طائرة مروحية

機場

مطار

塔

برج

乘客

مسافر

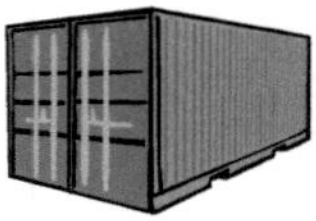

集裝箱

حاوية

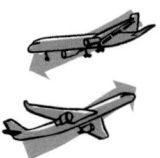

紙板箱

علبة كرتون

手推車

عربة يد

籃子

سلة

起飛/降落

يقلع / يهبط

城市
مدينة

村莊

قرية

市中心

مركز المدينة

房子

بيت

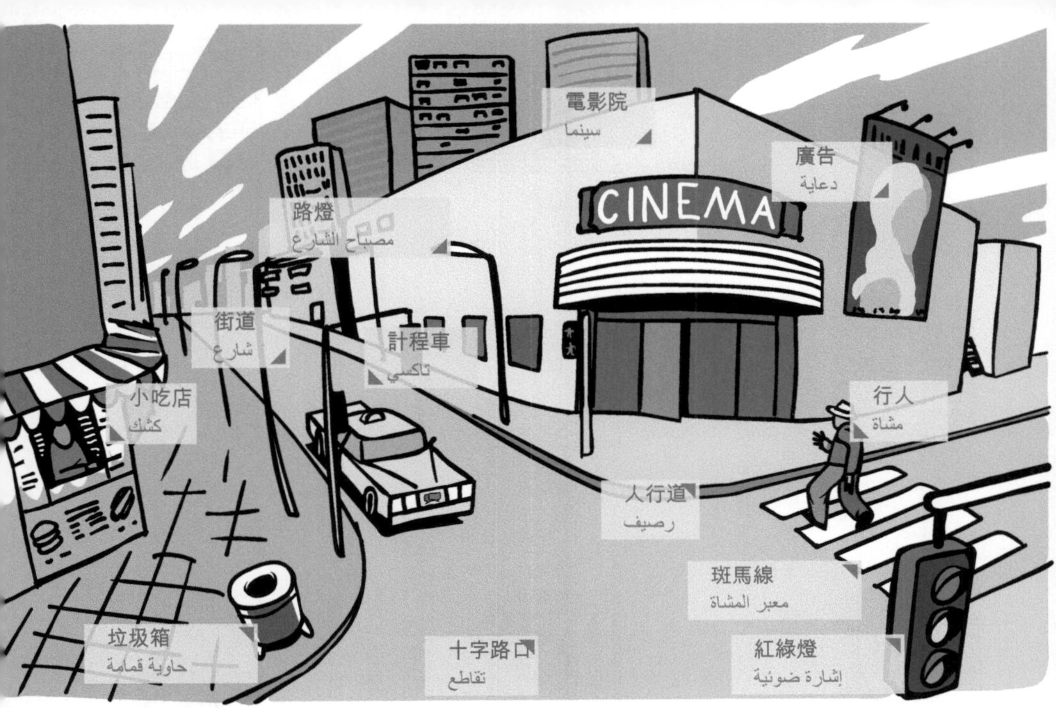
電影院
سينما
廣告
دعاية
CINEMA
路燈
مصباح الشارع
街道
شارع
計程車
تاكسي
小吃店
كشك
行人
مشاة
人行道
رصيف
斑馬線
معبر المشاة
垃圾箱
حاوية قمامة
十字路口
تقاطع
紅綠燈
إشارة ضوئية

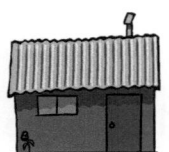

小屋

كوخ

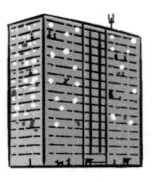

公寓

شقة

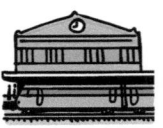

火車站

محطة قطار

市政廳

دار البلدية

MUSEUM
博物館

متحف

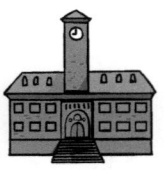

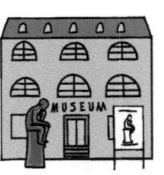

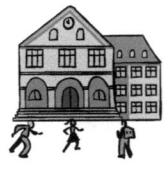

學校

المدرسة

大學

الجامعة

銀行

مصرف

醫院

المستشفى

飯店

فندق

藥房

صيدلية

辦公室

مكتب

書店

مكتبة

商店

متجر

花店

محل لبيع الزهور

超市

سوبرماركت

市場

سوق

百貨商店

متجر كبير

魚店

تاجر السمك

購物中心

مركز تسوّق

海港

ميناء

公園

حديقة عامة

長凳

مقعد

橋

جسر

樓梯

درج، سلم

捷運

مترو

隧道

نفق

公車站

موقف حافلات

酒吧

بار

餐館

مطعم

郵筒

صندوق البريد

路標

لافتة باسم الشارع

停車計時器

مقياس زمن الوقوف

動物園

حديقة حيوانات

游泳池

مسبح

清真寺

مسجد

農場

مزرعة

污染

تلوث البيئة

墓地

مقبرة

教堂

كنيسة

操場

ملعب الأطفال

寺廟

معبد

地形
طبيعة ريفية

樹葉
ورقة

指示牌
علامة إرشاد

路
طريق

草地
مرج

石頭
حجر

樹
شجرة

徒步旅行者
رحالة

河
نهر

草
عشب

花
زهرة

峡谷

وادٍ

丘陵

جبل

湖

بحيرة

森林

غابة

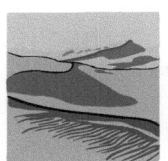

沙漠

صحراء

火山

بركان

城堡

قلعة

彩虹

قوس قزح

蘑菇

فِطر

棕櫚樹

نخلة

蚊子

بعوض

蒼蠅

ذبّانة

螞蟻

نملة

蜜蜂

نحلة

蜘蛛

عنكبوت

甲蟲

خنفساء

青蛙

ضفدعة

松鼠

سنجاب

刺蝟

قنفذ

野兔

أرنب

貓頭鷹

بومة

鳥

عصفور

天鵝

بجعة

野豬

خنزير برّي

鹿

غزال

麋鹿

إلكة

水壩

سد

風力發電機

دولاب الطاحونة الهوائية

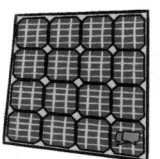

太陽能電池板

خلية شمسية

氣候

مناخ

餐館

مطعم

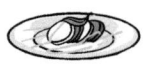

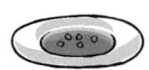

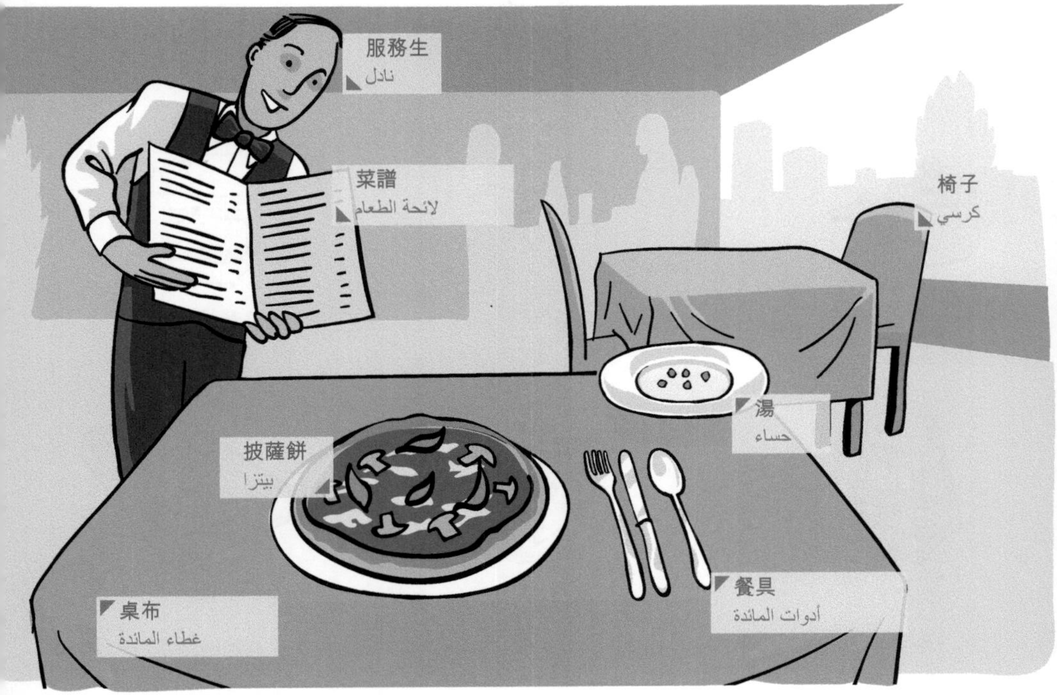

服務生
نادل
菜譜
لائحة الطعام
椅子
كرسي
湯
حساء
披薩餅
بيتزا
餐具
أدوات المائدة
桌布
غطاء المائدة

前菜

مقبلات

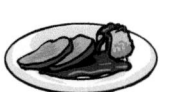

主菜

الصحن الرئيسي

甜點

حلوى أو فاكهة بعد الطعام

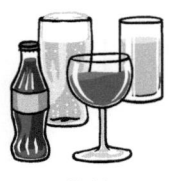

飲料

مشروبات

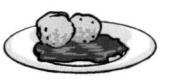

食物

طعام

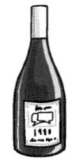

瓶子

زجاجة

速食

وجبات سريعة

街邊小吃

طعام الشارع

茶壺

إبريق الشاي

糖盒

علبة السكر

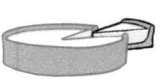

一份飯菜

حصّة

義式咖啡機

آلة الإسبريسو

高腳椅

كرسي عالٍ

帳單

فاتورة

托盤

صينية

刀

سكين

餐叉

شوكة

勺子

ملعقة

茶匙

ملعقة الشاي

餐巾

منديل المائدة

玻璃杯

كأس

碟子

صحن

湯盤

صحن الحساء

碟子

صحن الفنجان

醬

صلصة

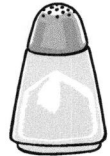

鹽瓶

مملحة

胡椒研磨罐

مطحنة الفلفل

醋

خلّ

食用油

زيت الطعام

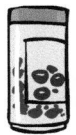

調味料

توابل

番茄醬

كتشاب

芥末

خردل

美乃滋

مايونيز

超市

سوبرماركت

特價
عرض خاص
FOR
顧客
زبون
乳製品
مشتقات الحليب
水果
فواكه
購物車
عربة تسوق

肉鋪

جزّار

麵包店

مخبز

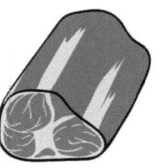

稱重

يزن

蔬菜

خضار

肉

لحم

冷凍食品

المأكولات المجمّدة

冷盤

مرتدلا أو جبن

罐頭食品

معلبات

洗衣粉

مسحوق الغسيل

甜食

حلويات

日用品

المواد المنزلية

清潔用品

منظفات

銷售員

بائعة

收銀機

صندوق الحساب

收銀員

أمين صندوق

購物清單

قائمة المشتريات

開放時間

أوقات العمل

錢包

محفظة النقود

信用卡

بطاقة ائتمان

袋子

حقيبة

塑膠袋

كيس بلاستيكي

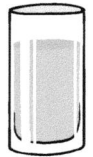

飲料

مشروبات

水

ماء

果汁

عصير

牛奶

حليب

可樂

كولا

紅酒

نبيذ

啤酒

بيرة

酒

كحول

可可

كاكاو

茶

شاي

咖啡

قهوة

義式濃縮咖啡

قهوة إسبريسو

卡布奇諾

كابوتشينو

香蕉

موزة

蘋果

تفاح

柳丁

برتقال

西瓜

بطيخ

檸檬

ليمون

胡蘿蔔

جزرة

大蒜

ثوم

竹子

خيزران

洋蔥

بصل

蘑菇

فِطر

堅果

لوزيات

麵條

شعيرية

義大利麵

سباغيتي

米飯

أرزّ

沙拉

سلطة

薯條

بطاطا مقلية

炸馬鈴薯

بطاطا مقلية

披薩餅

بيتزا

漢堡

هامبورغر

三明治

ساندويش

炸豬排

شريحة لحم مقلية

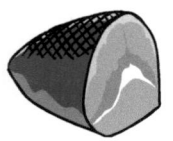

火腿

لحم خنزير

義大利臘腸

سلامي

香腸

سجق

雞肉

دجاج

烤肉

لحم محمر

魚

سمك

燕麥片

دقيق الشوفان

木斯里

موسلي

玉米片

كورن فلكس

麵粉

طحين

牛角麵包

كرواسان

麵包捲

خبز صغير

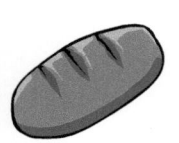

麵包

خبز

吐司

خبز محمص

餅乾

بسكويت

奶油

زبدة

凝乳

لبن زبادي

蛋糕

كعكة

蛋

بيضة

煎蛋

بيض مقلي

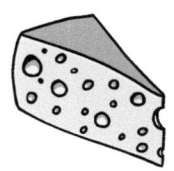

起司

جبنة

冰淇淋

مثلجات

糖

سكر

蜂蜜

عسل

果醬

مربّى الفاكهة

巧克力醬

كريم النوغا

咖哩

الكاري

農場
مزرعة

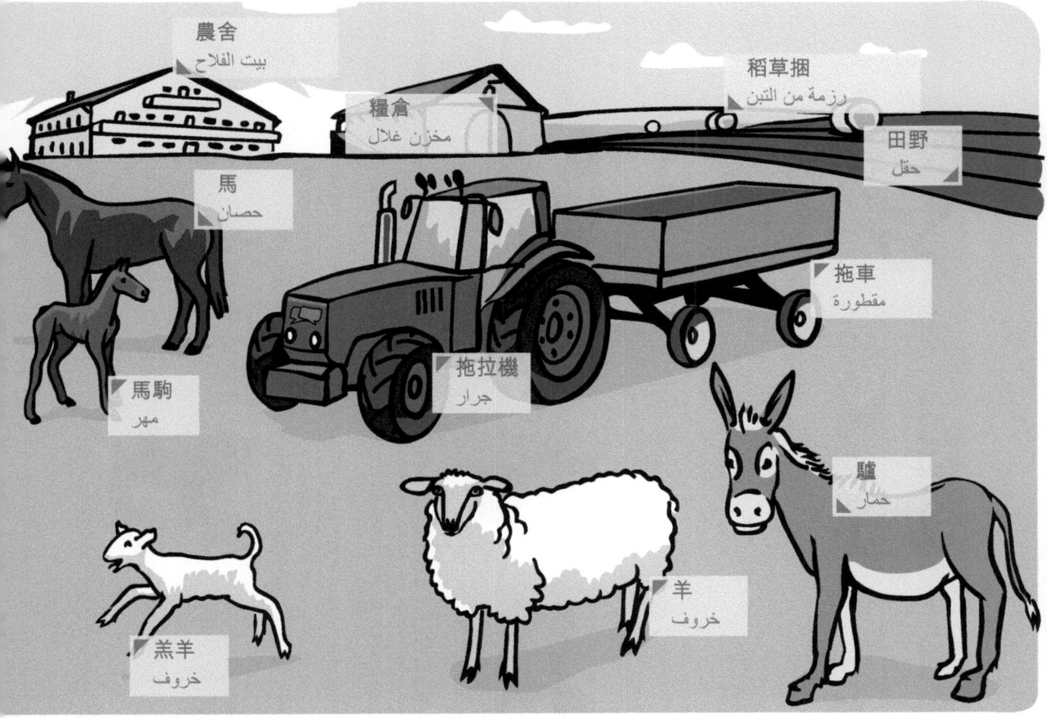

農舍
بيت الفلاح
糧倉
مخزن غلال
稻草捆
رزمة من التبن
田野
حقل
馬
حصان
拖車
مقطورة
拖拉機
جرار
馬駒
مهر
驢
حمار
羊
خروف
羔羊
خروف

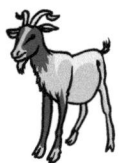

山羊

ماعز

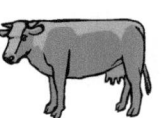

奶牛

بقرة

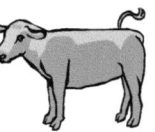

小牛

عجل

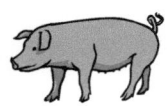

豬

خنزير

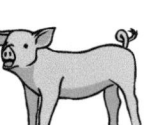

小豬

خنزير صغير

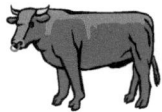

公牛

ثور

鵝

إوزة

鴨

بطة

小雞

صوص

母雞

دجاجة

公雞

ديك

鼠

جرذ

貓

قطة

老鼠

فأر

牛

ثور

狗

كلب

狗屋

كوخ الكلب

花園澆水軟管

خرطوم الحديقة

澆水壺

إبريق

長柄大鐮刀

منجل

犁

المحراث

鐮刀

منجل

鋤頭

معزقة

長柄草耙

مذراة الزبل

斧頭

بلطة

獨輪手推車

عربة يد

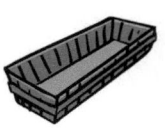

飼料槽

معلف

牛奶罐

صفيحة الحليب

麻布袋

كيس

柵欄

سياج

馬廄

اصطبل

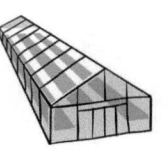

溫室

دفيئة

土壤

تربة

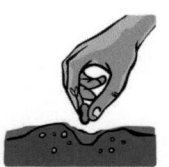

種子

بذور

肥料

سماد

聯合收割機

حصّادة درّاسة

收割

يحصد

收割

محصول

地瓜

بطاطا يامس

小麥

قمح

大豆

صويا

土豆

بطاطا

玉米

ذرة

油菜籽

سلجم

果樹

شجرة فاكهة

樹薯

نبات منيهوت

穀物

الحبوب

房子

بيت

煙囪
مدخنة
屋頂
سقف
落水管
مزراب
窗戶
نافذة
車庫
مرآب
門鈴
جرس الباب
門
باب
垃圾桶
信箱
صندوق البريد
花園
حديقة

客廳

غرفة جلوس

浴室

الحمّام

廚房

مطبخ

臥室

غرفة النوم

兒童房

غرفة الأطفال

餐廳

غرفة الطعام

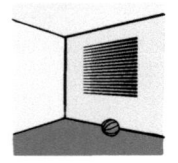

地板

أرضية

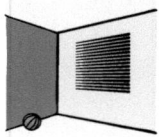

牆壁

حائط

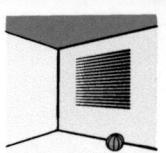

天花板

سقف

地窖

قبو

三溫暖

ساونا

陽臺

بلكون

露臺

شرفة

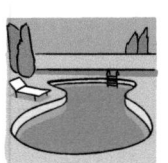

游泳池

مسبح

割草機

جزّازة العشب

被單

بياضات السرير

床罩

بطانية

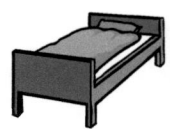

床

سرير

掃帚

مكنسة

水桶

سطل

開關

مفتاح كهربائي

客廳

غرفة جلوس

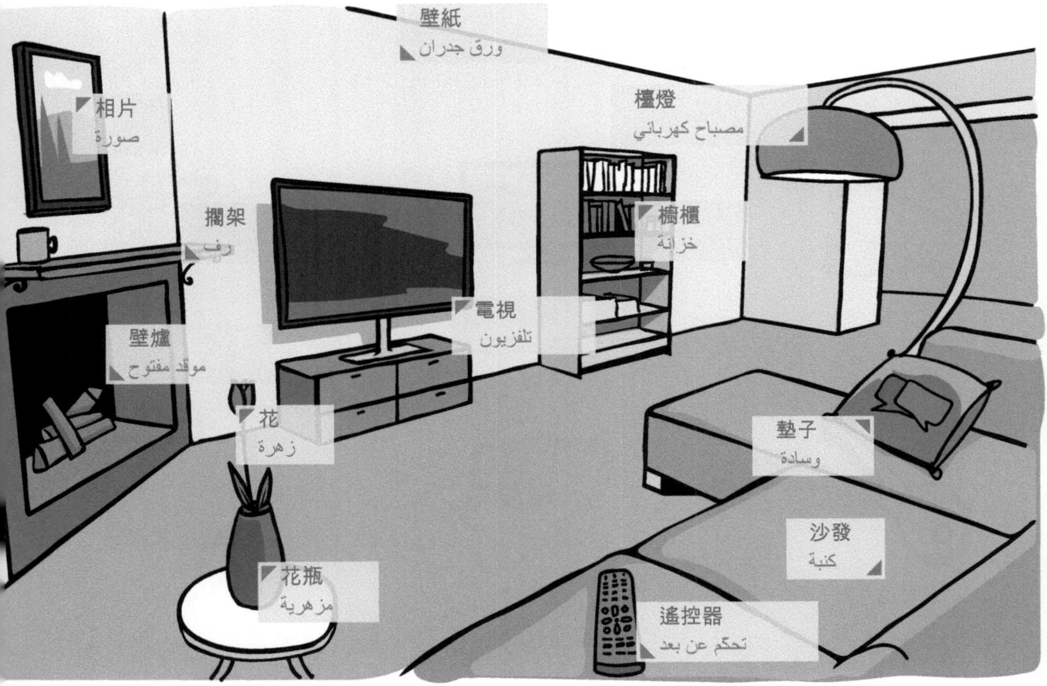

壁紙
ورق جدران
相片
صورة
檯燈
مصباح كهربائي
擱架
رف
櫥櫃
خزانة
電視
تلفزيون
壁爐
موقد مفتوح
花
زهرة
墊子
وسادة
沙發
كنبة
花瓶
مزهرية
遙控器
تحكم عن بعد

地毯

بصاط

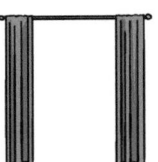

窗簾

ستارة

餐桌

طاولة

椅子

كرسي

搖椅

كرسي هزّاز

扶手椅

كرسي ذو ذراعين

書

الكتاب

毯子

بطانية

裝飾品

زخرفة

木柴

الحطب

電影

فيلم

高傳真音響

تجهيزات ستيريو

鑰匙

مفتاح

報紙

جريدة

油畫

لوحة مرسومة

海報

مُلصق

收音機

راديو

筆記本

دفتر ملاحظات

吸塵器

المكنسة الكهربائية

仙人掌

صبّار

蠟燭

شمعة

冰箱
براد

微波爐
ميكروويف

廚房秤
ميزان المطبخ

烤麵包機
محمصة الخبز

洗潔精
منظفات

烤箱
فرن

冰櫃
ثلاجة

垃圾桶
قمامة

洗碗機
جَلاية

炊具

موقد

鍋

قدر

鑄鐵鍋

وعاء من الحديد

炒鍋

قدر صيني

平底鍋

مقلاة

水壺

غلاية

蒸鍋

قدر البخار

烤盤

صينية

陶瓷鍋

أواني

馬克杯

فنجان

碗

صحن

筷子

عيدان الأكل

長柄勺

مغرفة

鏟子

ملعقة منبسطة

攪拌器

خفاقة

濾網

مصفاة

篩子

مصفاة

磨碎機

مبشرة

研缽

هاون

燒烤

شواء

明火

موقد

菜板

لوح التقطيع

擀麵杖

نشّابة

開瓶器

مفتاح الزجاجات

罐子

علبة

開罐器

مفتاح العلب المعدنية

隔熱手套

قماش الفرن

水槽

مجلى

刷子

فرشاة

海綿

إسفنج

攪拌機

خلاط

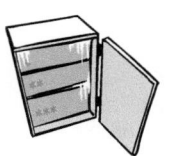

冷藏箱

مجمّدة

奶瓶

زجاجة الطفل

水龍頭

صنبور الماء

浴室

الحمّام

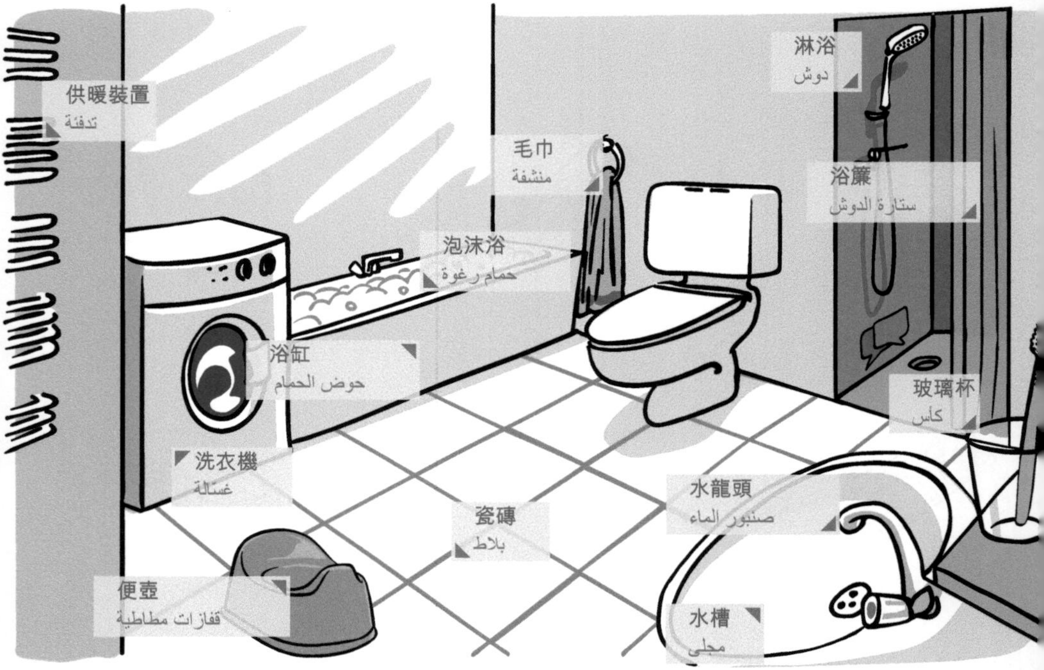

淋浴
دوش
供暖裝置
تدفئة
毛巾
منشفة
浴簾
ستارة الدوش
泡沫浴
حمام رغوة
浴缸
حوض الحمام
玻璃杯
كأس
洗衣機
غسالة
水龍頭
صنبور الماء
瓷磚
بلاط
便壺
قفازات مطاطية
水槽
مجلى

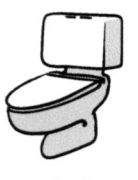

廁所

حمام

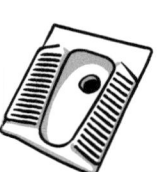

蹲便器

مرحاض القرفصاء

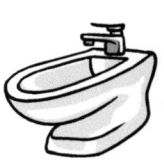

坐浴器

حوض التشطيف

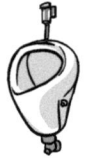

小便斗

مبولة

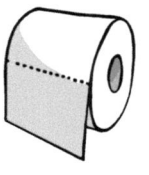

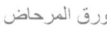

廁紙

ورق المرحاض

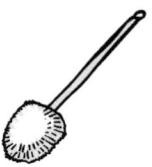

馬桶刷

فرشاة الحمام

牙刷

فرشاة الأسنان

牙膏

معجون الأسنان

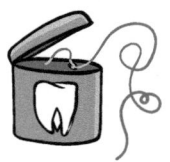

牙線

خيط حرير لتنظيف الأسنان

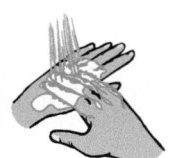

洗

يغسل

手持式蓮蓬頭

رشاش ماء يدوي

沖洗器

شطاف

洗臉盆

حوض الغسيل

洗背刷

فرشاة الظهر

肥皂

صابون

沐浴露

جيل الدوش

洗髮乳

شامبو

法蘭絨

ممسحة

排水

مصرف للماء

乳霜

مرهم

除臭劑

مزيل الروائح

浴室 - الحمّام

鏡子

مرآة

手鏡

مرآة يد

刮鬍刀

موس حلاقة

刮鬍泡沫

رغوة الحلاقة

鬚後水

كولونيا

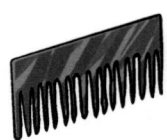

梳子

مشط

刷子

فرشاة

吹風機

سشوار

噴髮定型劑

مثبت للشعر

化妝品

ماكياج

唇膏

روج

指甲油

طلاء أظافر

化妝棉

قطن

指甲剪

مقص أظافر

香水

عطر

洗漱包

سلة الغسيل

凳子

مقعد صغير

計重秤

ميزان

浴袍

معطف الحمام

橡膠手套

قفازات مطاطية

衛生棉條

سدادة قطنية

衛生棉

منشفة صحية

化學廁所

تواليت كيميائية

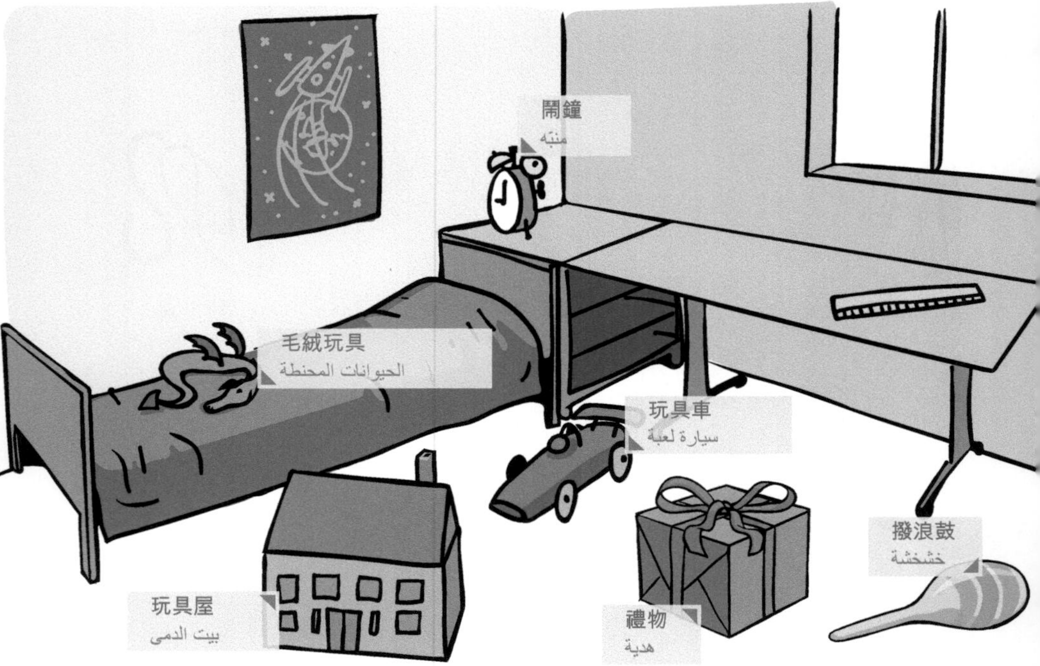

毛絨玩具
الحيوانات المحنطة

鬧鐘
منبه

玩具車
سيارة لعبة

撥浪鼓
خشخشة

玩具屋
بيت الدمى

禮物
هدية

氣球

بالون

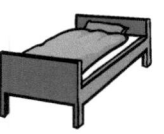

床

سرير

嬰兒車

عربة الأطفال

撲克牌

لعبة الورق

拼圖

أحجية

漫畫

رسوم هزلية

樂高積木

أحجار الليغو

積木玩具

حجارة تركيب

公仔

دمية بطل

嬰兒服

لباس الطفل

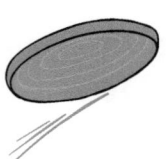

飛盤

فريسبي

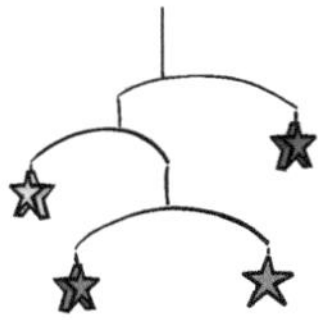

床鈴玩具

دمية معلّقة

棋盤遊戲

لعبة الطاولة

骰子

لعبة النرد

火車模型

لعبة قطار

安撫奶嘴

مصّاصة

派對

حفلة

繪本

كتاب مصوّر

球

كرة

洋娃娃

دمية

玩

يلعب

沙坑

ملعب رملي للأطفال

鞦韆

أرجوحة

玩具

لعبة

電玩遊戲

ألعاب فيديو

三輪車

دراجة ثلاثية

泰迪熊

دمية على شكل الدب

衣櫃

خزانة الثياب

衣服

ثياب

襪子

جوارب قصيرة

長襪

جوارب طويلة

緊身褲

جورب بنطلون

圍巾
شال

雨傘
شمسية

T恤
تي شيرت

皮帶
حزام

靴子
حذاء شتوي

拖鞋
شبشب

運動鞋
أحذية رياضية

涼鞋
....
صندل

鞋
....
حذاء

雨靴
....
جزمة كاوتشوك

內褲
....
سروال داخلي

胸罩
....
صدّارة

背心
....
قميص داخلي

身體

لباس ملاصق للجسم

褲子

بنطلون

牛仔褲

جينز

短裙

تنورة

女式襯衫

بلوزة

襯衫

قميص

套頭衫

سترة قطنية

連帽上衣

كنزة كم طويل

西裝夾克

سترة فضفاضة

夾克

سترة

外套

معطف

雨衣

معطف مطري

套裝

زي - طقم نسائي

連衣裙

ثوب

婚紗

ثوب الزفاف

西裝

طقم

睡袍

قميص نوم

睡衣

بيجاما

莎麗

ساري

頭巾

حجاب

包頭巾

عمامة

波卡

برقع

卡夫坦

قفطان

(阿拉伯式)長袍

عباءة

泳衣

مايوه

男式泳褲

سروال سباحة

短褲

شرت

運動服

بدلة رياضية

圍裙

مئزر

手套

قفازات

鈕扣

زر

眼鏡

نظّارة

手鏈

إسوارة

項鍊

عقد

戒指

خاتم

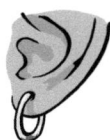

耳環

قرط

便帽

طاقيّة

衣架

علاقة ثياب

帽子

قبّعة

領帶

ربطة العنق

拉鍊

سحّاب

安全帽

خوذة

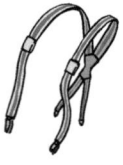

背帶

حمّالة البنطلون

校服

اللباس المدرسي

制服

زي موحّد

圍兜

مريلة الأطفال

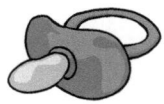

安撫奶嘴

مصّاصة

尿布

لفافة

辦公室

مكتب

伺服器
المخدّم
檔案櫃
خزانة الملفات
印表機
طابعة
紙
ورقة
螢幕
شاشة
滑鼠
فارة
طاولة المكتب
資料夾
ملف
鍵盤
لوحة المفاتيح
廢紙簍
電腦
حاسوب
椅子
كرسي

咖啡杯

كأس من القهوة

計算機

الآلة الحاسبة

網際網路

الإنترنت

筆記型電腦

الحاسوب المحمول

信件

رسالة

簡訊

خبر

行動電話

الهاتف المحمول

網路

شبكة

影印機

جهاز تصوير

軟體

البرمجيات

電話

هاتف

插座

مقبس كهربائي

傳真機

فاكس

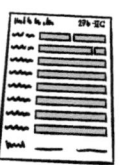

表格

استمارة

檔案

وثيقة

辦公室 - مكتب

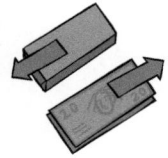

買

يشتري

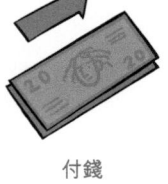

付錢

يدفع

交易

يتاجر

現金

مال

美元

دولار

歐元

يورو

日元

ين

盧布

روبل

瑞士法郎

فرنك سويسري

人民幣

يوان

盧比

روبية

提款處

صرّاف آلي

外幣兌換處

مكتب صرافة

金

ذهب

銀

فضة

石油

نفط

能源

طاقة

價格

سعر

合約

عقد

稅金

ضريبة

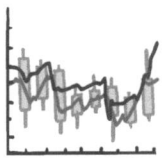

股票

سهم

工作

يعمل

職員

موظف

老闆

رب العمل

工廠

مصنع

商店

متجر

警官
الشرطي
消防員
رجل إطفاء
廚師
طبّاخ
醫師
الطبيب
飛行員
طيّار

園丁

بستاني

木匠

نجّار

裁縫

خيّاطة

法官

قاض

化學家

كيميائي

演員

ممثل

公車司機

سائق حافلة

計程車司機

سائق تاكسي

漁夫

صياد سمك

清洗女工

أجيرة للتنظيف

屋頂工

بنّاء سقف

服務生

نادل

獵人

صيّاد

畫家

رسّام

麵包師

خباز

電工

كهربائي

建築工人

عامل بناء

工程師

مهندس

屠夫

لحّام

水管工

سمكري

郵差

ساعي البريد

士兵

جندي

建築師

مهندس معماري

收銀員

أمين صندوق

花農

بائع الزهور

理髮師

حلاق

售票員

مراقب القطار

機械技師

ميكانيكي

船長

قبطان

牙醫

طبيب أسنان

科學家

رجل العلم

拉比

حاخام

伊瑪目

إمام

和尚

راهب

牧師

كاهن

工具
عدة عمل

鐵錘
مطرقة
鉗子
كمّاشة
螺絲起子
مفك البراغي
扳手
مفتاح ربط
手電筒
مصباح يد

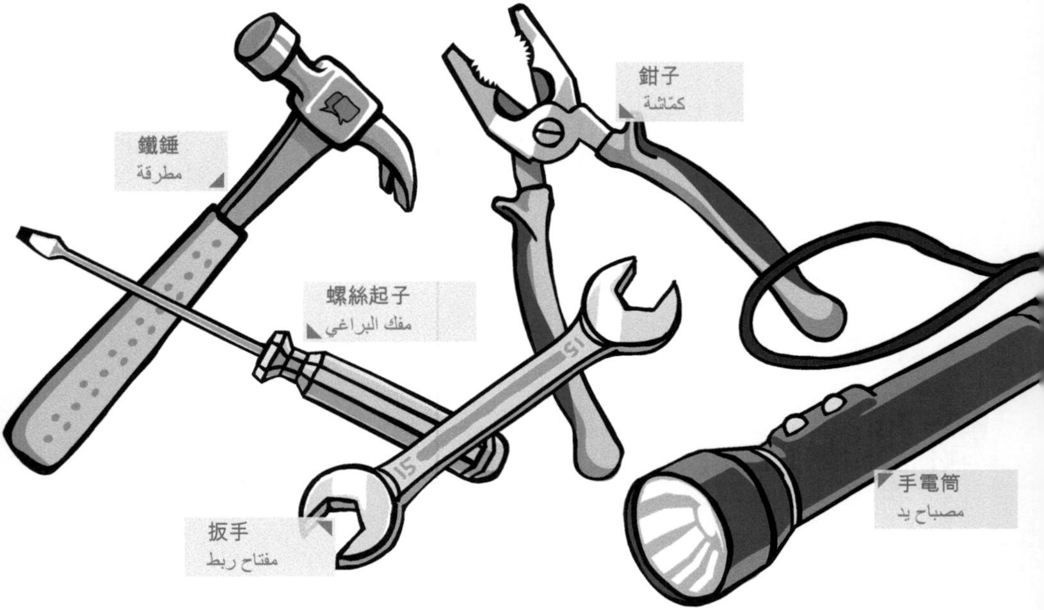

挖掘機
جرافة

工具箱
صندوق العدة

梯子
سلم

鋸子
منشار

釘子
مسامير

鑽機
مثقب

修

يصلح

鏟子

مجرفة

糟糕！

اللعنة

畚箕

لقاطة الكناسة

油漆桶

سطل الألوان

螺絲

براغي

樂器
آلات موسيقية

打擊樂器
آلات الإيقاع

揚聲器
مكبر الصوت

吉他
غيتار

低音提琴
كمان أجهر

小號
بوق

鋼琴

بيانو

小提琴

كمنجة

貝斯

جهير

定音鼓

طبل كبير

鼓

طبل

電子琴

بيانو كهربائي

薩克斯風

ساكسوفون

長笛

ناي

麥克風

ميكروفون

動物園

حديقة حيوانات

入口
مدخل
老虎
نمر
籠子
قفص
斑馬
حمار الوحش
علف للحيوانات
熊貓
دب باندا

動物

حيوانات

大象

فيل

袋鼠

كنغر

犀牛

وحيد القرن

大猩猩

غوريلا

熊

دب

駱駝

جمل

鴕鳥

نعامة

獅子

أسد

猴子

قرد

紅鶴

طائر فلامينغو

鸚鵡

ببغاء

北極熊

دب قطبي

企鵝

بطريق

鯊魚

سمك القرش

孔雀

طاووس

蛇

أفعى

鱷魚

تمساح

動物園管理員

حارس في حديقة الحيوان

海豹

عجل البحر

美洲豹

نمر أمريكي مرقط

矮種馬

فرس قزم

豹

نمر

河馬

فرس النهر

長頸鹿

زرافة

老鷹

نسر

野豬

خنزير برّي

魚

سمك

龜

سلحفاة

海象

حيوان فظ البحري

狐狸

ثعلب

羚羊

غزال

體育
رياضة

橄欖球
كرة القدم الأمريكية
騎腳踏車
ركوب الدراجات
網球
كرة التنس
籃球
كرة السلة
游泳
السباحة
拳擊
الملاكمة
冰球
هوكي الجليد

美式足球

كرة القدم

羽毛球

الريشة الطائرة

田徑

ألعاب القوى الخفيفة

手球

كرة اليد

滑雪

التزلج على الثلج

馬球

بولو

跳
يقفز
擁抱
يعانق
笑
يضحك
走路
يمشي
唱
يغنّي
做夢
يحلم
祈禱
يصلّي
親吻
يقبل

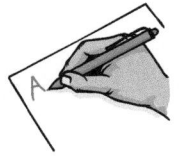

書寫

يكتب

畫

يرسم

展示

يُري

推

يدفع

給

يعطي

拿

يأخذ

有

يملك

做

يعمل

當

يوجد

站

يقف

跑

يركض

拉

يسحب

丟

يرمي

摔倒

يقع

躺

يستلقي

等待

ينتظر

攜帶

يحمل

坐

يجلس

穿衣

يلبس

睡覺

ينام

醒來

يستيقظ

看

ينظر إلى ..

哭

يبكي

擊

يمسّد

梳頭

يمشّط

交談

يتكلم

明白

يفهم

問

يسأل

聽

يسمع

喝

يشرب

吃

يأكل

清理

يرتب

愛

يحب

做飯

يطبخ

開車

يقود

飛

يطير

航行

يبحر بزورق شراعي

計算

يحسب

讀

يقرأ

學習

يتعلم

工作

يعمل

結婚

يتزوج

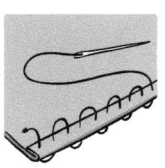

縫

يخيط

刷牙

ينظف أسنانه

殺

يقتل

抽菸

يدخّن

寄

يرسل

祖母
جدّة
祖父
جدّ
父親
أب
母親
أم
嬰兒
الطفل
女兒
ابنة
兒子
ابن

客人

ضيف

阿姨

عمّة / خالة

叔叔

عمّ / خال

兄弟

أخ

姐妹

أخت

身體

الجسم

前額
الجبين
眼睛
العين
臉
الوجه
下巴
الذقن
乳房
الصدر
手指
الإصبع
手
اليد
手臂
الذراع
肩膀
الكتف
腿
الساق

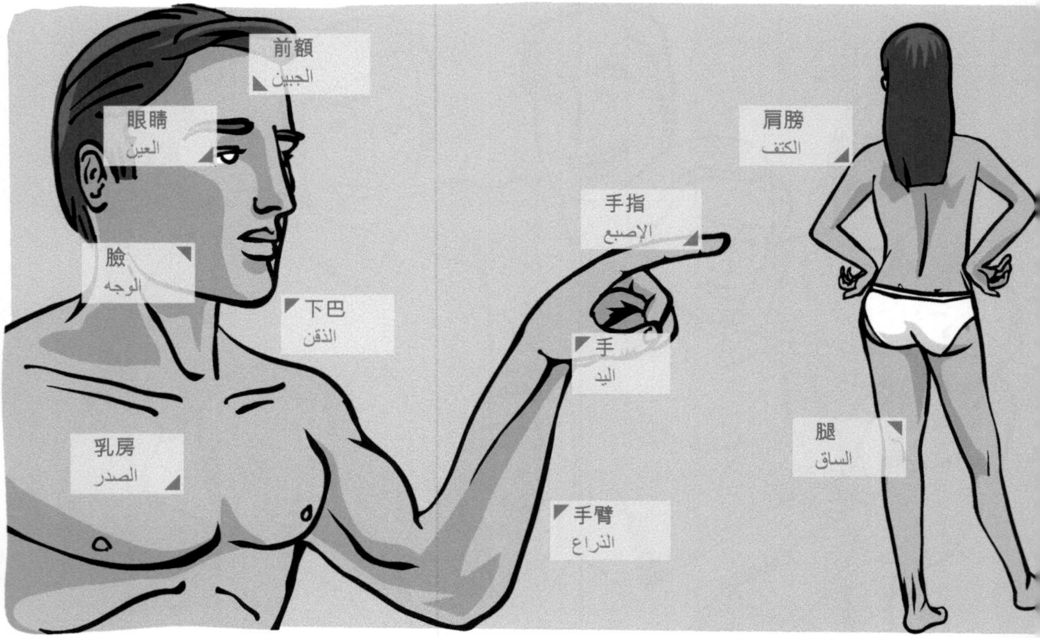

嬰兒

الطفل

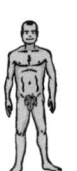

男人

الرجل

女人

المرأة

女孩

البنت

男孩

الولد

頭

الرأس

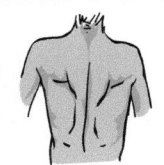

背部

الظهر

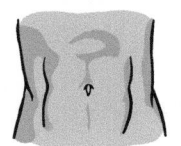

肚子

البطن

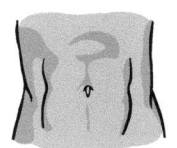

肚臍

السرّة

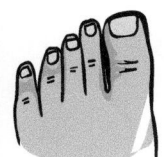

腳趾

إصبع القدم

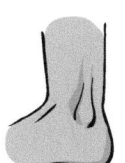

腳後跟

الكعب

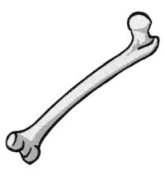

骨頭

العظم

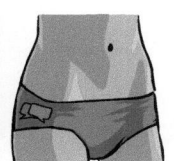

臀部

الورك

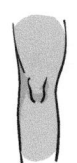

膝蓋

الركبة

手肘

المِرفق

鼻子

الأنف

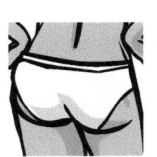

屁股

العَجُز

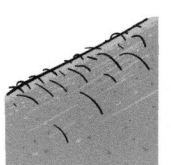

皮膚

البشرة

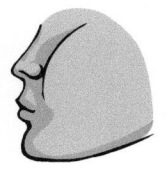

臉頰

الخد

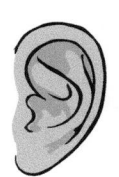

耳朵

الأذن

嘴唇

الشفة

嘴

الفم

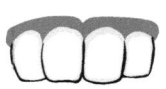

牙齒

السن

舌頭

اللسان

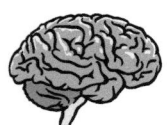

腦

الدماغ

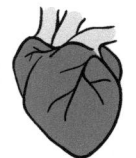

心臟

القلب

肌肉

العضلة

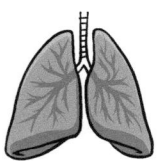

肺

الرئة

肝臟

الكبد

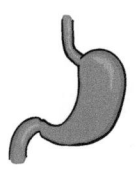

胃

المعدة

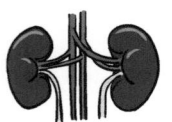

腎臟

الكِلى

性交

الاتصال الجنسي

保險套

الواقي المطاطي

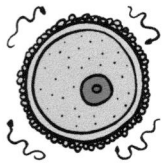

卵子

البويضة

精子

المنيّ

懷孕

الحمل

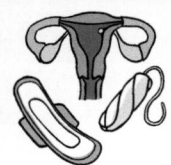

月事

الحيض

陰道

المهبل

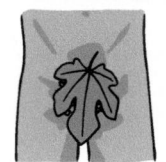

陰莖

القضيب

眉毛

الحاجب

頭髮

الشعر

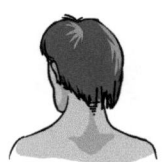

脖子

الرقبة

醫院

المستشفى

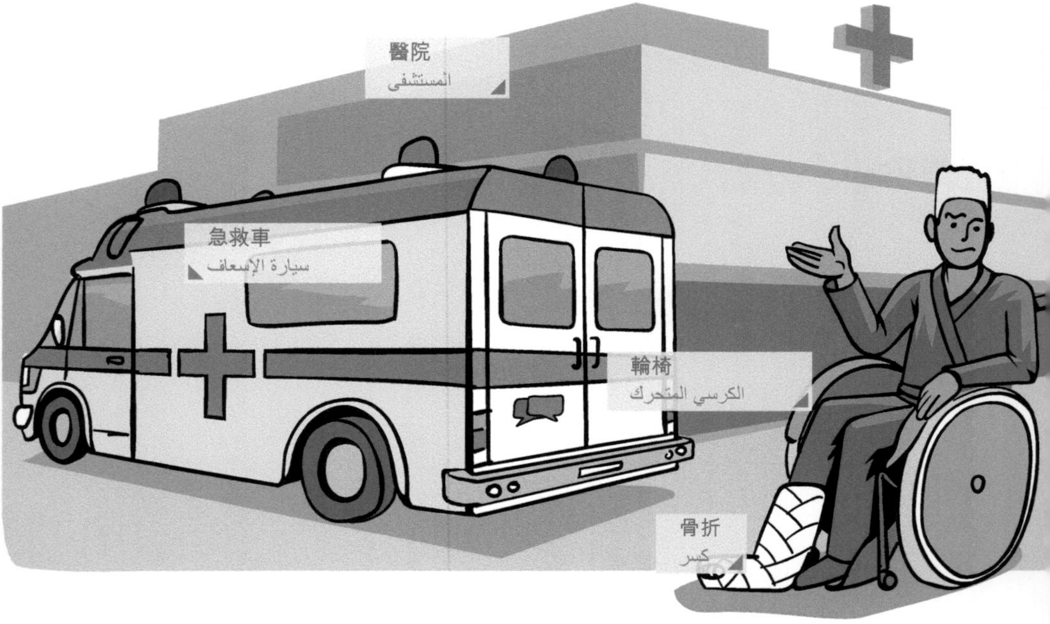

醫院
المستشفى
急救車
سيارة الإسعاف
輪椅
الكرسي المتحرك
骨折
كسر

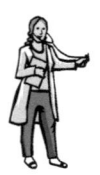

醫師

الطبيب

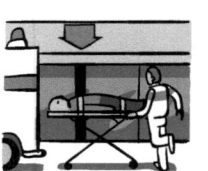

急診室

غرفة الإسعاف

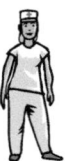

護理師

الممرضة

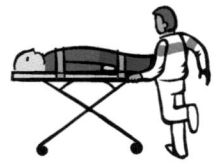

緊急情形

حالة

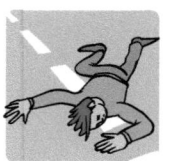

昏迷

مغمى عليه

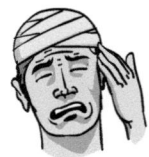

痛

الألم

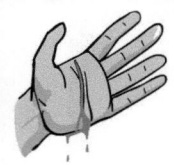

受傷

إصابة

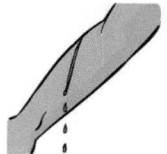

出血

النزيف

心臟病發作

احتشاء القلب

中風

جلطة

過敏

حسسية

咳嗽

السعال

發燒

الحُمّى

流感

إنفلونزا

腹瀉

الإسهال

頭痛

وجع الرأس

癌症

السرطان

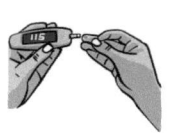

糖尿病

مرض السكر

外科醫師

جرّاح

手術刀

مبضع

手術

عملية

電腦斷層掃描

سيتي سكان

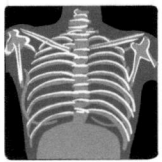

X光

الأشعة السينية

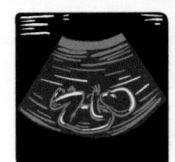

超音波

فوق الصوتي

口罩

القناع

疾病

المرض

候診室

غرفة الانتظار

拐杖

العُكاز

石膏

شريط لاصق

繃帶

ضماد

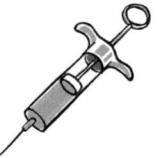

注射

حقنة

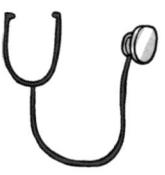

聽診器

سمّاعة الطبيب

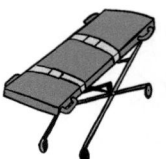

擔架

نقالة

體溫計

ميزان حرارة

出生

ولادة

超重

وزن زائد

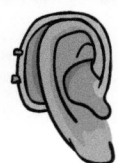

助聽器

جهاز السمع

消毒液

المواد المعقمة

感染

عدوى

病毒

فيروس

愛滋病

الإيدز

藥物

الطب

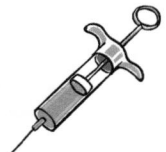

接種疫苗

اللقاح

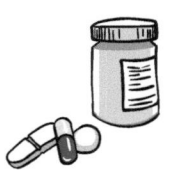

藥片

أقراص الدواء

藥丸

حبّة الدواء

急救電話

نداء النجدة

血壓計

مقياس ضغط الدم

生病/健康

مريض / صحيح

救命！

النجدة!

警報

إنذار

突擊

اعتداء

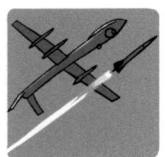

攻擊

هجوم

危險

خطر

緊急出口

مخرج طوارئ

失火了！

حريق!

滅火器

جهاز الإطفاء

意外

حادث

急救箱

حقيبة الإسعاف الأولي

呼救訊號

أنقذونا

員警

الشرطة

地球
أرض

歐洲
أوروبا

北美洲
أمريكا الشمالية

南美洲
أمريكا الجنوبية

非洲
أفريقيا

亞洲
آسيا

澳洲
أستراليا

大西洋
المحيط الأطلسي

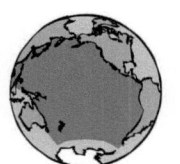

太平洋
المحيط الهادي

印度洋
المحيط الهندي

南冰洋
المحيط المتجمد الجنوبي

北冰洋
المحيط المتجمد الشمالي

北極
القطب الشمالي

南極

القطب الجنوبي

南極洲

منطقة القطب الجنوبي

地球

أرض

陸地

بر

海

بحر

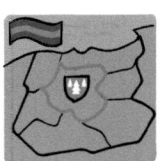

島

جزيرة

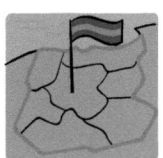

國家

أمة

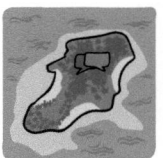

州

دولة

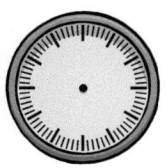

鐘錶
ساعة

錶盤

ميناء الساعة

時針

عقرب الساعات

分針

عقرب الدقائق

秒針

عقرب الثواني

現在幾點？

كم الساعة الآن؟

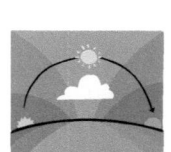

天

يوم

時間

زمن

現在

الآن

電子錶

ساعة رقمية

分

دقيقة

時

ساعة

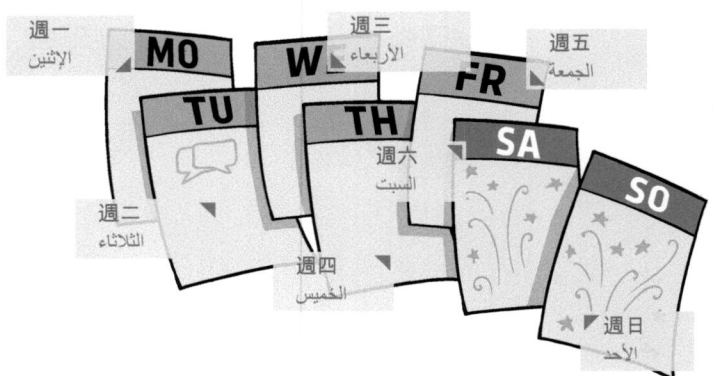

週

أسبوع

الإثنين
週二
الثلاثاء
週三
الأربعاء
週四
الخميس
週五
الجمعة
週六
السبت
週日
الأحد

昨天

الأمس

今天

اليوم

明天

غداً

早晨

الصباح

中午

الظهر

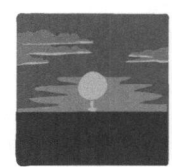

晚上

المساء

工作日

أيام العمل

週末

نهاية الأسبوع

雨
مطر
彩虹
قوس قزح
雪
ثلج
風
ريح
春
الربيع
秋
الخريف
夏
الصيف
冬
الشتاء

天氣預告

التنبؤ بالحالة الجوية

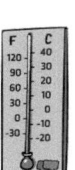

溫度計

مقياس حرارة

陽光

ضوء الشمس

雲

سحابة

霧

ضباب

潮濕

رطوبة الجو

閃電

برق

打雷

رعد

風暴

عاصفة

冰雹

بَرَد

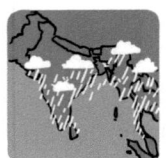

季風

ريح موسمية

洪水

طوفان

冰

جليد

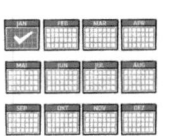

一月

كانون الثاني / يناير

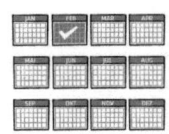

二月

شباط / فبراير

三月

آذار / مارس

四月

نيسان / أبريل

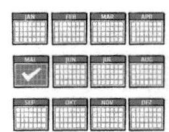

五月

أيار / مايو

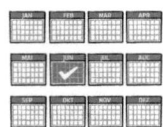

六月

حزيران / يونيو

七月

تموز / يوليو

八月

آب / أغسطس

82

年 - سنة

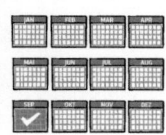

九月

أيلول / سبتمبر

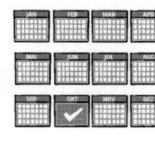

十月

تشرين الأول / أكتوبر

十一月

تشرين الثاني / نوفمبر

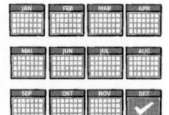

十二月

كانون الأول / ديسمبر

形狀

أشكال

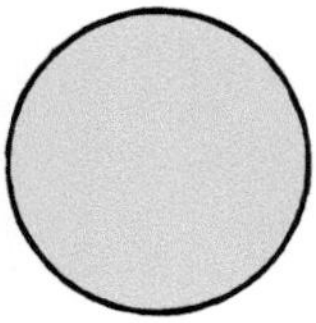

圓形

دائرة

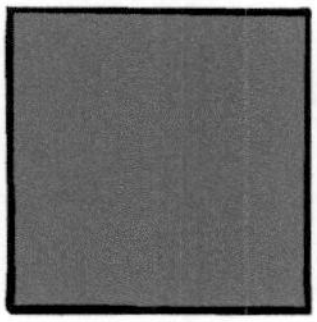

正方形

مربّع

長方形

مستطيل

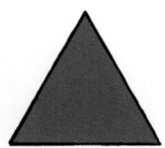

三角形

مثلث

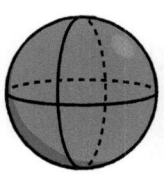

球體

كرة

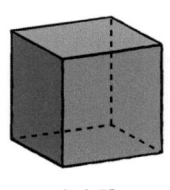

立方體

مكعب

顏色

ألوان

白

أبيض

黃

أصفر

橙

برتقالي

粉

وردي

紅

أحمر

紫

بنفسجي

藍

أزرق

綠

أخضر

棕

بنّي

灰

رمادي

黑

أسود

反義詞

الأضداد

很多/少許

كثير / قليل

生氣/平靜

غضبان / هادئ

美/醜

جميل / قبيح

首/尾

بداية / نهاية

大/小

كبير / صغير

明/暗

فاتح / قاتم

兄弟/姐妹

أخ / أخت

乾淨/骯髒

نظيف / وسخ

完整/缺失

كامل / ناقص

白天/晚上

نهار / ليل

死/生

ميت / حيّ

寬/窄

عريض / ضيّق

可食用/非食用

صالح للأكل / غير صالح

邪惡/善良

شرّير / لطيف

興奮/無聊

مثير / ممل

胖/瘦

سمين / نحيف

第一/最後

أولاً / أخيراً

朋友/敵人

صديق / عدو

滿/空

مليء / فارغ

硬/軟

صلب / ليّن

重/輕

ثقيل / خفيف

餓/渴

جوع / عطش

生病/健康

مريض / صحيح

非法/合法

غير شرعي / شرعي

聰明/愚笨

ذكي / غبي

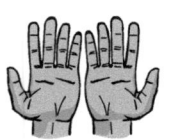

左/右

يسار / يمين

近/遠

قريب / بعيد

新/舊

جديد / مستعمل

沒有/有些

لا شيء / بعض الشيء

老/幼

مسن / شاب

開/關

يشعل / يطفئ

打開/闔上

مفتوح / مغلق

安靜/吵鬧

خافت / عالٍ

富/窮

غني / فقير

對/錯

صح / خطأ

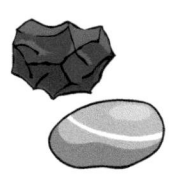

粗糙/光滑

أحرش / املس

傷心/高興

حزين / سعيد

短/長

قصير / طويل

慢/快

بطيء / سريع

濕/乾

مبلول / جاف

溫暖/涼爽

ساخن / بارد

戰爭/和平

حرب / سلم

數字

أرقام

0	零	صفر
1	一	واحد
2	二	اثنان
3	三	ثلاثة
4	四	أربعة
5	五	خمسة
6	六	ستة
7	七	سبعة
8	八	ثمانية
9	九	تسعة
10	十	عشرة
11	十一	أحد عشر

12

十二

اثنا عشر

13

十三

ثلاثة عشر

14

十四

أربعة عشر

15

十五

خمسة عشر

16

十六

ستة عشر

17

十七

سبعة عشر

18

十八

ثمانية عشر

19

十九

تسعة عشر

20

二十

عشرون

100

百

مائة

1.000

千

ألف

1.000.000

百萬

مليون

語言

اللغات

英語

الإنكليزية

美式英語

الإنكليزية الأمريكية

普通話

لغة ماندارين الصينية

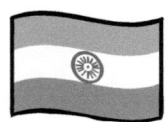

印地語

الهندية

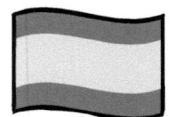

西班牙語

الإسبانية

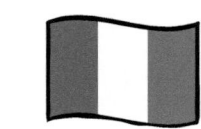

法語

الفرنسية

阿拉伯語

العربية

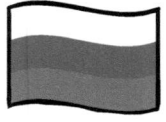

俄語

الروسية

葡萄牙語

البرتغالية

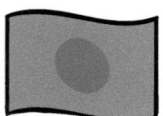

孟加拉語

البنغالية

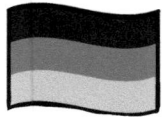

德語

الألمانية

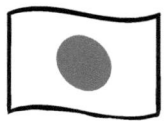

日語

اليابانية

誰/什麼/如何
من / ماذا / كيف

我

أنا

你

أنت

他/她/它

هو / هي

我們

نحن

你們

أنتم

他們

هم

誰？

من؟

什麼？

ماذا؟

如何？

كيف؟

何處？

أين؟

何時？

متى؟

名字

اسم

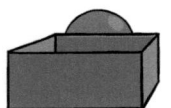

方位

أين

後面

خلف

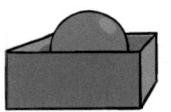

裡面

في

前面

أمام

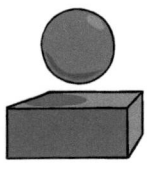

上方

فوق

上面

على

下麵

تحت

旁邊

جنب

中間

بين

地點

مكان